融白 배삼술 시인 세 번째 자전시집

낚詩

도서출판 **창작정원**

[추천서문]

詩가 된 삶 (배삼술시집 추천사)

　세상 모든 삶은 각별하다는 믿음이다. 그러므로 누구라도 형편은 다르지만 똑같은 마음으로 행복해야 한다. 글을 쓰는 사람들은 매순간 켜켜이 쌓인 삶의 조각들을 이어 붙여 한 권의 책으로 만들 때가 많다. 그때 그런 의미에서 그가 지나간 자리 넘기는 책장마다 편편이 아름다운 순간이면 좋겠다. 어쩌면 삶 자체가 詩는 아닐까. 누군가는 세상을 목소리로 부르고 또 누군가는 세상을 붓으로 그릴 때 詩人은 삶의 마디마디마다 수를 놓는다. 세상 사람들이 다 詩人이고 저마다 스쳐 지나가는 모든 순간들이 詩일 수도 있어서다. 뉘라서 소중하지 않은 삶이 어디 있으랴. 삶의 어느 자락인들 詩같지 않은 순간 또한 어디 있으랴.

　颱白 배삼술은 詩人이다. 질곡의 세월이 그를 詩人으로 만들었다. 그러나 詩人이기 전에 그는 내 인생 친구다. 더불어 반드시 행복해야 하는 한 사람이다. 그는 서라벌문예로 등단하여 오랜 기간 詩와 함께 살았다. 2012년 두 번째 시집 "옹이"를 펴낸 이후 13년 만에 세 번째 시집 "낚詩"를 출간한다는 소식에 기꺼이 추천사를 쓰기로 했다. 그의 詩를 읽을 적마다 절박하게 외치는 외로움이 목에 가시로 걸렸기 때문이다. 그의 슬픈 詩가 세상 곳곳을 낭인처럼 돌아다닐 때 어느 순간 나도 모

르게 그의 삶을 되새김질 했다. 그때마다 한 구절씩 곱씹다보면 그의 詩야말로 결국 사랑이라는 걸 금세 알았다. 사람을 향한 그리움이 詩가 되어 나에게도 오고 다른 많은 사람들에게도 전해지고 있었다.

 같이 詩를 쓰는 동지로서 그의 어깨에 손을 얹는다. 문득 문득 말로서도, 詩로서도 자연스럽게 섞이는 그의 친구로서 더 큰 세상으로 나아가는 그의 詩를 격하게 응원한다. 부디 그의 詩가 한 곳에 머무르지 않고 제법 큰 길이 되어 더 많은 크고 작은 길을 만나기를 바란다. 더 이상 그의 삶은 詩에 갇히지 않고 그의 詩 역시 삶에 갇히지 않아 보다 넓은 사랑이 되면 좋겠다. 사람과 사람 사이를 온기 가득하게 이어주는 "낚詩"가 되어 내가 사는 제천에서 그가 사는 논산까지 詩가 되어 오고 길이 되어 가는 거다. 오고 가며 마음까지 하나가 되어 평온하게 왔다 갔다 하길 바란다.

2025년 어느 봄날, 충북 제천에서
동시와 수필을 쓰는 **백두현**

[책머리]

자서(自序)

　30여 년 중도장애인으로 살아온 세월, 채울 수 없는 목마름을 백지에 쓰고 지우며 버텨왔던 나날들

　이제 마지막이 될지 모르는 독백에 마침표를 찍으려 한다. 그 누가 강요하지는 않았지만, 희망, 사랑, 행복을 그려야 한다는 의무 아닌 의무 때문에 자괴감에 빠진 수많은 날들

　그렇지만, 거짓을 그리고 싶지 않았다. 흔적을 남기고 싶었다. 아니 나의 삶을 이야기하고 싶었다.

　이름 없는 글쟁이 독백으로 끝낼 푸념일지라도…

2025년 5월 봄
颱白 배삼술

[권두시]

권두詩

빈 낡詩

颷白 배삼술

흔들리는 삶 속에
어둠이 내리고
갈 곳 잃은 詩語들은
붉은 적설 위로
한 점
눈꽃으로 피었다

모든 것이 허허롭다.

『낚詩 하나』

『늙詩 둘』

늙詩 (2)

颱白 배 삼 술

처절한 고독과 함께 뜨겁게 차오르던
창작의 갈증은
詩답잖은 詩의 향연으로
겉모습을 치장한 채
나목의 겨드랑이 사이로
허무한 詩想만을 그려내고 있다

詩心 읽은 詩집삶이 그림자가 버겁다

『낚詩 셋』

낚詩 (3)

颱白 배삼술

석삼년째 빈 낚싯대를 드리운
時時한 새벽은
늘 詩心을 깨우는데
허섭스레기 잡다한 詩魚들이
흙탕물을 튀긴다

오늘도 낚詩는 파장이다

분탕질에 주눅이 든 낚싯대가
천근만근 무겁다.

『낚詩 넷』

낚詩(4)

颱白 배삼숙

봄 산의 철쭉을 다 마셔보아도
배고픈 계절의 끝자락
천국을 살짝 엿본 새벽달은
시몽(詩夢)을 비추는데
오늘도 수탉은 울지 않는다

그대 독 짓는 마음의 수행자여
빈 배에 강태공도 세월 낚듯
밥값은 했는가?

『낙詩 다섯』

낙詩 (5)

颱白 배삼술

지친 삶 달래고자
졸필(拙筆)을 끼적이며
멍든 가슴 펼쳐보니
시상(詩想)은 간데없고
넋두리만 하였구나

가위눌려 죽은 詩心
어제도 오늘도
빈손.

[목차]

[낚詩 하나]

낚詩 ·· 19
12월 32일을 기다리며 ···················· 20
블랙 coffee & 人生 ························ 21
촛불 ·· 22
가슴앓이 ·· 23
가슴앓이2 ······································ 24
가슴앓이3 ······································ 25
고사목에 피어난 꽃 ······················ 26
쉰 즈음에 ······································ 27
미친 사랑 ······································ 28
비가(悲歌, 명예퇴직) ···················· 29
엄마의 밥상머리 ·························· 30
엄마의 바다 ·································· 31
인동초(忍冬草) ······························ 32
엄마 왜인가요? ···························· 33
잔액조회 ·· 34
사랑은 ·· 35
사랑은 2 ·· 36

사랑은 3	37
사랑은 4	38
노잣돈	39
노잣돈 2	40
달 품은 술잔	41

[낚詩 둘]

낚詩 2	43
동행	44
더하고 빼기	45
인생은	46
잃어버린 우산	47
여보게	48
연민(憐憫)	49
후애(後愛)	50
후애(後愛) 2	51
못다 핀 꽃	52
제 할 탓	53
내 몸값에 관한 보고서	54
한 번만 더	55
그림자 人生	56
빈 잔	57

과똑똑이 세상 · 58
가장무도회 · 59
100세 인생 · 60
그림자 밟기 · 61
사람은 누구나 꽃이다 · · · · · · · · · · · · · · · 62
나만 왜 · 63
마지막 항해 · 64
지독한 내리사랑 · 65

[낚詩 셋]

낚詩 3 · 67
봄 타령 · 68
낙엽 · 69
우리 사랑 · 70
풀지 못한 숙제 · 71
풀지 못한 숙제 2 · · · · · · · · · · · · · · · · · · · 72
백지로 보낼 편지 · · · · · · · · · · · · · · · · · · · 73
비겁한 변명 · 74
사람과 사랑 · 75
사람과 사랑 2 · 76
눈물로 쓴 편지 · 77
나는 아직 괜찮습니다 · · · · · · · · · · · · · · 78

작은 배려 · 79
길가에 버려지다 · 80
술술~ 술 · 81
꼭두각시의 독백 · 82
제기랄! · 83
울컥거리기 · 84
구구절절 · 85
아부지 · 86
바람의 길 · 87
고맙소 · 88
돼지 똥 같은 말 · 89

[늙詩 넷]

늙詩 4 · 91
Me Too · 92
Me Too 2 · 93
Me Too 3 - 애가타 · · · · · · · · · · · · · · · · 94
내려놓기 · 95
고백 · 96
답 없는 답안지 · 97
청맹과니 그대 · 98

침묵의 벽	99
무기력증	100
똑똑똑	101
시름 꽃	102
못다 핀 꽃 한 송이	103
묻고 답하기 - 自問	104
인간극장	105
연민	106
하얀 밤	107
바람아 멈추어다오 2	108
나 떠나거든	109
생일	110
붉은 물고기 - 코로나19	111
SNS 부고장	112
단축번호 0번	113

[낚詩 다섯]

낚詩 5	115
궁남지 연가	116
궁남지 연가 2	117
궁남지 연가 3	118

꽃말 · 119

고드름 · 120

갈잎의 노래 · 121

그해, 그 가을 · 122

길 · 123

그 길 · 124

달팽이의 꿈 · 125

불나비사랑 · 126

불나비사랑 2 · 127

철록어미 · 128

뒤통수 · 129

육십 고개 - 회갑 · · · · · · · · · · · · · · · · · · 130

누구나 길을 잃을 수 있다 · · · · · · · · · · 131

누구나 길을 잃을 수 있다 Ⅱ · · · · · · · · 132

풀냄새 나는 당신 · · · · · · · · · · · · · · · · · 133

사랑의 열병 · 134

[평론]

颱白 배삼술 시인 세 번째 시집 '낚詩' 해설 · · · · · · · 135

『낚詩 하나』

낚詩

颱白 배상술

두억신도 안 물어 갈
詩답잖은 글 한 줄로
視視한 인생을
時時콜콜 끼적이다
낚지도 못 할 詩魚로
허송세월

베름빡에 처박을
돌대가리
글쟁이

오늘은 뭘 잡았나?

낚詩

毆白 배삼술

두억신도 안 물어 갈
詩답잖은 글 한 줄로
視視한 인생을
時時콜콜 끼적이다
낚지도 못 할 詩魚로
허송세월

베름빡에 처박을
돌대가리
글쟁이

오늘은 뭘 잡았니?

* 옹이 수록작품

12월 32일을 기다리며

颱白 배삼술

날개가 부러져
허울만 좋은 그림자 인생 속엔
12월 32일은 없고

오래전 부러진 날개에는
올해도
옹이만 앉았다

하루살이의 비루한 삶보다
더 나을 것 없는 세월이었지만
아직 숨을 쉬고 있다

옹이가 아물기를
기다리며.

블랙 coffee & 人生

颱白 배삼술

매일 아침마다 슬픔과 고독을
적절히 섞어 마셨지만
이제는 쓴맛이 싫어졌어

달콤한 혼합커피가
너무 그리워

無설탕 블랙커피를 끊어야 해
이젠.

촛불

颰白 배삼술

하얀 소복
옷고름에 불 지펴
활활 타오르던
불꽃은

꺼져가는 숨소리
작은 일렁임에
하얀 눈물
소리 없이 떨구며

단 한 번
화려한 춤사위
밟는다.

* 가시나무에 핀 時花 - 수정본

가슴앓이

颱白 배삼술

어느 해 폭우가
까맣게 온 세상 덮던 날
천둥이 고막을 내리치고
번개가 살갗을 태워
살아온 지난날 흔적들이
비 적신 아침 햇살
시린 문턱에서
멈추었다

그 후, 세상은 고요했다
긴 침묵의 시작이었다.

* 가시나무에 핀 時花 - 연, 행 수정

가슴앓이 2

颱白 배삼술

저 죽어 살기를 간절히 소망했던
불 꺼진 등대는
빗나간 화살촉처럼
어긋난 상처를 들쑤시고,
이미 오래전 죽어버린 차가운 섬에는
불빛 한 점 없다

불 꺼진 그 남자의 등대에는
점멸등이 없다.

가슴앓이 3

颰白 배삼술

파리한 어둠이 물드는
적막을 뚫고
무명(無名) 그림자가
모로 누우면
빛바랜
또 다른 이름의 삶이
슬픈 그림자 밟으며
맴을 돈다

해는 벌써 중천이건만
그림자사냥 끝날 줄
모른다.

고사목에 피어난 꽃

颱白 배삼술

엄마의 강에 모정 담아 가시버시 사랑 꽃피우며
소박하게 살고자 했던 작은 소망조차 버거웠던
질곡의 삶 속에서도
언젠가 좋은 날이 오겠지 버티며 살아낸 세월이
점점 무너져 내리고 있다

평범하게 산다는 거, 그거
참으로 어렵고도 어려운 일이라는 걸
오래전 깨달았지만
이미 심신은 피폐해져 바닥을 긴다

고독과 친구하며 은둔형 외톨이로 살아야 했던
날개 꺾인 삼십여 년 모진 세월 뒤로
혼불 같은 검버섯이 핀다

이미 오래전 말라버린 고사목 젖무덤
골짜기 사이사이로.

쉰 즈음에

　　　　颱白 배삼술

길다면 길고 짧다면 짧은 인생
새털처럼 가벼웠노라 말하고 싶지만
그건 새빨간 거짓임을
그도 알고 있다

바보처럼…

그러나 아직 허무의 늪에
두 발을 담그지는 아니하였다

그래 이제 다시 시작이야

공자도 나이 오십 줄에 이르러서야
하늘의 뜻을 깨달았다잖아.

미친 사랑

颱白 배삼술

미칠 것 같아 미칠 거 같아
너의 마음이 나에게서 멀어져 가는 것이
미칠 것 같아 미칠 거 같아
나의 마음이 너에게서 멀어져 가는 것이
미칠 것 같아 미칠 거 같아
우리의 만남이 이렇게 끝나가는 것이

하지만 알아야 해, 하지만 알아야 해
허무한 사랑도 사랑이었음을

미친 사랑도 사랑이었음을.

비가(悲歌, 명예퇴직)

颱白 배삼술

바람이 분다고 늘 흔들리는 것은 아니다

수십 년 밑동 잘린 나이테를 세어가며
하루 또 하루를
힘겹게 버텨내온 고목나무 뒤로
잿빛으로 물든 슬픈 바다의 먹먹함을
홀로 삼킨 목각인형

이 고요함, 이 적막함
이 외로움

좋다?

하늘이 어둡다고 늘 어둠만이 있는 것은
진정 아니겠지만
비오니 날 궂고 날 궂으니 비 온다

시방.

140828 / 친형의 퇴직 소식을 접하며

엄마의 밥상머리

颱白 배삼술

시간의 나룻배를 거꾸로 돌리고 또 돌리며
제자리걸음만 하는 노모의 밥상머리는
난전붙이 오십 여년 어깃장으로 다진
꿈적도 않는 철옹성이다

평생을 가부좌 틀고
키 큰 해바라기 도돌이표 그림자로 살아온
해가림 잉여의 삶이었기에.

엄마의 바다

颱白 배삼술

삶의 무게에 지쳐버린 초췌한 모습 뒤로
못내 뱉어내지 못한 어머니의 숨결이
붉게 물든 노을처럼
가슴 저리게 아픈 외로움이란 것을

귀밑머리 사이사이 돋아난 흰서리가
사무친 그리움으로 피어난 꽃이라는 것을

장돌뱅이 사십 여년 정수리에 내려앉은
엄마의 바다가
영원히 마르지 않는 샘이 아니라는 것을
그때는 미처 몰랐었네

아! 진정 몰랐다네.

* 어머니 여든한 번째 생신날에

인동초(忍冬草)

颱白 배삼술

갈바람마저 한풀 접는 남루한 삶 속에도
서릿발처럼 꼿꼿했던 울 엄니 성정이
어깨너머 세월 뒤로
여든세 번의 단풍이 물들고 단풍이 진다

낙엽이, 낙엽이 진다

마디마디 인고의 세월 한 칸씩 내려앉은
어머니의 틀니처럼
노을이 진다.

* 2016년 제 1회 부여예술인축제 출품작

엄마 왜인가요?

   颱白 배삼술

벼도 익으면 저절로 고개를 숙이듯
바람이 불어야
나무가 흔들리는 법인데
왜 자꾸 들러리 인생을 살아가라
살아내라 하십니까

골창에 빠져 바동대며 허우적거리는
처절한 몸부림을 보아주지 않고
왜! 자꾸만
그늘 밑 그림자 인생을 살아가라
살아내라 하십니까

이제는…
제발…
좀…

어머니 그 치우친 내리사랑 때문에
숨을 쉴 수가 없습니다

쉰 해를 훌쩍 넘긴 이 나이까지
팔불출로 살아야만 했던
이 자식은.

잔액조회

颱白 배삼술

통장 잔액이 백만 원이 넘어본 지가
언제인지 기억이 없다
그렇다고 딱히 돈 쓸 곳도 없었던 것 같다

그런데 돈은 필요하더라

'마누라 팬티
29.900원에 열 개짜리 사주었더니
환한 미소가 보름달 같더라'

아! 통장 잔액이
000.000.000으로 이어지는 표시 한번
대차게 찍어보았으면
원이 없겠지만

자격지심으로 포장된 거짓된 삶을
가볍게 놓을 수 있는 날
소풍 가듯 홀연히 떠난 '천상병 시인처럼
나 하늘로 돌아가 말하리라

삼십여 년 놀고먹은 빈곤한 백수의 삶
그래도 온 힘을 다해
살았노라고.

사랑은

颱白 배삼술

사랑은 어떻게 시작하느냐보다
어떻게 가꾸어나가느냐가 중요한 것이더라
반평생 겪어보니

사랑은 그런 것이더라

마음과 마음으로 다가가지 않는 거짓된 삶
심신을 더 지치고 병들게 할 뿐이더라
반평생 살아보니

사랑은 그런 것이더라

그런 것이더라
사랑은.

사랑은 2

颱白 배삼술

노을 진 밤바다의 마지막 외사랑도
저린 가슴으로 맞는 애절한 사랑도
새하얀 도화지 위에 아로새긴
미친 사랑도

사랑은 사랑이더라

시간의 나룻배를 거슬러
어제라는 삶 그림자를 되짚어보니
세상에서 가장 어려운 일이
사랑이더라

그런 것이더라
사랑은.

사랑은 3

颱白 배삼술

복습하듯 살지 말고 예습하듯 즐겨라
사랑을 하려거든

맞잡은 손으로 마음과 마음을 더한
오늘이라는 그림 위에
느낌표를 찍는
아름다운 채색놀이이기 때문이다

사랑을 하려거든 나누기를 하지 말고
더하고 더하라

하나가 될 것이다.

사랑은 4

그리움도 언젠가 퇴색되고
사랑도 변하는 것이지만
그리우면 맘껏 그리워하고
사랑하면 맘껏 사랑하라

녹슬어 없어지는 것보다
닳아 없어지는 것이
낫더라

살아보니
그것이 그런 것이더라

화인처럼 가슴에 새겨진
애끓는 그리움이란 것도

사랑이란 것도.

노잣돈

颱白 배삼술

노을 너머 등 뒤로 안 지는 꽃 어디 있으랴
인생이란 숲은 내에서 강으로, 바다에 도달하듯
바람의 어귀에서 수 없는 날을 서성일 수 있고
술래잡기 술래처럼 또다시 술래가 될 수 있지만
천금(千金)을 짊어지고 갈 수는 없다

수의(壽衣)엔 호주머니가 없다
떠날 땐, 어차피
빈손.

노잣돈 2

颱白 배삼술

상엿소리 곡소리 울림 끝에 흐느끼는
허망한 인형의 눈물 닦아
마지막 노잣돈을 짚신으로 삼았으니
임아! 그 강을 건너지 마오

- 이제 가면 언제 오나
'너화넘차 너화넘, 넘화넘차 너화넘'
'너화너화 넘차넘~'

임아! 임아!
그 산을 넘지 마오.

달 품은 술잔

颱白 배삼술

자기 몸 녹여 삶을 태운 비누처럼
배려와 희생을 가슴으로 받고 품어
올곧게 바르게 살고자 했으나
자책으로 시작된 손상된 애착은
마른 잎 떨어지듯 온 산을 헤매다
부러진 화살촉에 별 하나를 꿰어
내치지 못할 오롯한 내리사랑을
끊을 수 없는 이 지독한 치사랑을
달 품은 술잔에 담아본다

술이 익어 간다
빈 잔에.

『낚詩 둘』

낚詩 (2)

颱白 배삼숙

처절한 고독과 함께 뜨겁게 차오르던
창작의 갈증은
詩답잖은 詩의 향연으로
겉모습을 치장한 채
나목의 겨드랑이 사이로
허무한 詩想만을 그려내고 있다

詩心 잃은 詩집살이 그림자가 버겁다

낡詩 2

颱白 배삼술

처절한 고독과 함께 뜨겁게 차오르던
창작의 갈증은
詩답잖은 詩의 향연으로
겉모습을 치장한 채
나목의 겨드랑이 사이로
허무한 詩想만을 그려내고 있다

詩心 잃은 詩집살이 그림자가 버겁다.

동행

颱白 배삼술

삶이라는 것이 참 덧없다 할지라도
마음과 마음을 더하고
더한 情으로
두 손 맞잡고 동행하는 것이야말로
인연을 소중히 간직한 사람과
영원으로 함께 꽃피울
生일 것이다

生 = 情 + 情

그것이 진정
참된 人生길이라 생각하지 않는가
그대는.

더하고 빼기

颱白 배삼술

2 + 2 = 4
더하고 더하면 4랑하게 돼

5 - 5 + 2 = 2
빼고 더하면 2해하게 돼

2 + 2 + 1 = 5
사랑으로 감싸고
가슴으로 이해할 수 있다면
5해는 쉽게 풀려

알겠니?
응!

세상은 더하고 빼기를 반복
또 반복하며
살아내는 것이야

그것이 숫자로 본 인생이야.

인생은

颱白 배삼술

옹고집 외골수 자존심으로 포장하며 살아나온
숙명처럼 버거운 삶일지라도
인생을 축제하듯 즐기며 살아야 함은
나도 알고 너도 알고 있지만
늘 숙제하듯 살아가야 하는 인생도 있음이다

"숙제하듯 살지 말고 축제하듯 살아라"

마냥 축제하듯 숙제를 마무리할 것인가?
숙제하듯 축제를 마무리할 것인가?

축제도 시작도 숙제의 마무리도 내 할 탓이다
살아보니 그런 것이더라
인생이란 것이.

잃어버린 우산

颷白 배삼술

내가 잃어버린 우산은
아주 작고 볼품없는 우산입니다

우산살도 부러지고 손잡이도 낡았지만
나에게는 아주 소중한 것입니다

지금 어느 허름한 선술집 귀퉁이에서
외로움과 고독에 빠져
홀로 울고 있을지도 모릅니다

"우산을 찾습니다"
"잃어버린 우산을 찾습니다"

혹여 비 내린 도시의 밤거리를 거닐다
버려진 낡은 우산을 보시거든
그대 마음속에 소중히 보관해주세요

그 초라한 우산은 전생에서 잃어버린
제 심장 반쪽이니까요.

여보게

颱白 배삼술

새싹이 돋지 않으면
꽃망울 터트릴 수 없듯
겨울의 시린 문턱도
봄 햇살 따사로움 앞에서
서서히 낮아지는 법

여보게, 우리 그렇게
힘겹고 모질었던 그 세월도
환하게 품어
천년 愛 그려보세

그것이 비록
아픔 속에 피어난
용트림 같은 사랑일지라도.

연민(憐憫)

颱白 배삼술

수년째 심장이 쩍쩍 갈라지는 아침을 맞아도
그의 하루는 늘 밝았습니다
가끔은 비도 오고 또 가끔은 안개도 끼고
또 아주 가끔은 눈도 오고 그랬지만
그런 날을 기다리며 살았는지도 모릅니다
아니 그랬을 것입니다
더 이상 물러설 곳이 없었던
그의 간절함을 알고 있었기 때문에
속절없이 흘러가는 이 가을이 저물기 전에
다시 한 번
그에게 물어보려 합니다

시리도록 환하게 빛나는 슬픔도 있다는 것을
이제는 알게 되었는지.

후애(後愛)

颱白 배삼술

선무당의 장단에
칼춤을 추다

천 길 낭떠러지
외줄 끝에
마주 선
묻어버린 아픔
한 조각

"……"

누군가
물러서야 하기에
기꺼이
몸을 던졌다

시린 상처였지만
사랑했기에.

* 가시나무에 핀 時花 - 연, 수정

후애(後愛) 2

颱白 배삼술

죽은 듯이 살기보다 죽어 살기를 소망했던
그의 바람은
눈물 꽃으로 피어나
인생의 뒤안길을 울컥거리고

처절했던 삶의 흔적은 서리꽃으로 피어나
귀밑머리를 물들이네

아! 그 꽃
이렇듯 사무치게 처절한 아픔으로
꽃 피울 줄 몰랐었네.

못다 핀 꽃

颱白 배삼술

쓴 이별주 한잔 올리러 가는 길이
버겁고 아프다

미소조차 슬픈 남자와 마주한다
마지막 술잔을 든다
이별의 술잔이다

내내 슬프고 아픈 세상 뒤로하고
그 남자는 떠났다

홀로…

오십 두 해 살아온 흔적
서럽게 남겨놓고.

* 고향동생 남편 먼 길 떠나보내며

제 할 탓

颱白 배삼술

삶이라는 씨앗은 뿌린 대로 거두고
심은 대로 나는 법이라지만
날 때부터 정해진 운명이란 없다

쪽방촌 저잣거리조차 반기지 않는
끄트머리 인생도
도시의 밤을 휘청이며 가로지르는
부나비 같은 인생도
오십보백보 도토리 키 재기일 뿐

익숙함에 속아 자존감을 잃지 마라
모든 것이 제 할 탓이다.

내 몸값에 관한 보고서

태백 배삼술

30여 년 전 날개가 부러진 대가로 받는
기초생활보장법에 의한 1인 최저생계비 437.460원이
정부가 정한 내 몸값이다. 그러나 이제 내 몸값은
부양의무자란 허울 좋은 굴레가 덧씌워져
000.000.000.000.000원이다

사회복지, 정말 좋다?

어처구니없는 끼리끼리 덧없는 인생일지라도
하나를 얻으면 또 다른 하나를 내줘야 하는 법이라니
이제 내 몸값은 스스로 책정하자

소심하지만, 조심스럽게 4억3천7백4십6만 원으로

하룻밤 사이 내 몸값이 1.000배로 뛰었다
오늘부터 난 부자다.

한 번만 더

颱白 배삼술

초침 잃은 시침에다 태엽(胎葉)을 감아보자

길고 긴 억겁(億劫)의 시간
같은 곳, 같은 자리 도돌이표처럼
씹고 곱씹는 되새김질 인생으로 끝날지라도
한번, 한 번만 더 시침 잃은 초침에다
태엽(胎葉)을 감아보자

한 번만 더.

그림자 人生

颱白 배삼술

풀어도, 풀어도 풀리지 않았던
그해 그 겨울 살(殺)이 내리고
꽃을 피웠지만
매듭을 옭아매지는 않았다

그림자로 살아야 했던 세상에
늘 부재중이었을 뿐.

빈 잔

颱白 배삼술

어처구니없는 잉여인간처럼
넋 빠진 세월을 죽였더라도
비우면 채워야 하고
채우면 또 비워야 하는
인생길

빈 술잔이야

기억의 습작을 마시고 마셔
돌고 돈 막장 인생일지라도
어차피 도로 빈 잔일뿐이야

텅 빈 잔

그것이, 그것이 바로
인생이야.

과똑똑이 세상

颱白 배삼술

가위를 냈더니 주먹 내더라
주먹을 냈더니 보를 내더라
보를 냈더니 가위를 내더라

단, 한 번도 이긴 적 없는
백전백패 가위바위보
참으로 지겹고
지겹더라

"빌어먹을 가위, 바위, 보."

가장무도회

颱白 배삼술

화려한 탱고 음률에 온몸을 내맡긴 채
색색의 가면으로 얼굴 가리고
환락에 젖어가는 음계들의 교태를
가장무도회 맨 끝 구석진 탁자에 앉아
오선지에 그려본다

어두운 조명에 숨어 광란의 밤을 보낸
음표들의 반란을…

그날
아무도 가면을 벗지 않았다
나 또한.

* 가시나무에 핀 時花 - 행, 연 수정

100세 인생

颱白 배삼술

금수저 물고 태어나나 흙수저 물고 태어나나
산다는 것이 엄청난 고행(?)이랍디다

그래도 어제 죽은 자가 가장 부러워한다는
오늘을 살아내고 있으니
내일이라는 세상은 아직 모르는 거라고
누가(?) 그럽디다

한번 왔다 한 번가는 짧디짧은 인생이라지만
저승보다 이승이 낫다 합디다

믿기 싫어도 믿어야 하는
진실(?)입디다.

그림자밟기

颱白 배삼술

내일을 위해 죽어가는 오늘
오늘을 위해 기꺼이 죽어준
어제를 기억하나요?

그대는…

어제가 죽어줌으로
오늘을 살아내고 있음을
알고 있나요?

어제, 오늘
내일이
자웅동체 한 몸이라는 것을.

사람은 누구나 꽃이다

颱白 배삼술

나고 자라고 늙고 시들어
흙으로 돌아가는 것이 세상 이치이듯
사람은 누구나 꽃이다

하얀 꽃망울 터트려 함박웃음 머금고
붉은 노을 뒤로 초연히 사라지듯
사람은 누구나 꽃이다

다만 어떻게 피고
어떻게 살다 지느냐가 문제일 뿐
사람은 누구나 꽃이다

꽃이 사람이다.

나만 왜

颱白 배삼술

나쁜 사람은 없다
나쁜 인간도 없다
다만 나쁜 상황이
있었을
뿐

그런데
왜
나만 흔들리면서
걸어가야
하나

나만
왜?

마지막 항해

颱白 배삼술

나, 가리다
거친 파도 품에 안고
이생에 슬픔
침묵 속에 가두어
기억에서 접어두었던
수평선 저 끝
불 꺼진 항구의
썰물처럼
이름 모를 그곳으로
나, 가리다

날 보내실 그 날
그날이 되면
기꺼이.

지독한 내리사랑

颱白 배삼술

오래전 한 여자가
농담처럼 나에게 물어본 적이 있었다
"당신 혹시 주워온 자식이에요"

그런데 또다시 다른 여자가
똑같은 질문을 농담처럼 내게 묻는다
"당신 혹시 주워온 자식이에요"

똑같은 질문에
똑같은 대답을 해주었다

"응!"
난, 해가 뜨면 나타나고
해가 지면 사라지는 그림자 인간
잉여인간이야!

다시는 듣고 싶지 않은
가혹한 질문.

『낚詩 셋』

颱白 배삼술

석삼년째 빈 낚싯대를 드리운
時時한 새벽은
늘 詩心을 깨우는데
허섭스레기 잡다한 詩魚들이
흙탕물을 튀긴다

오늘도 낚詩는 파장이다

분탕질에 주눅이 든 낚싯대가
천근만근 무겁다.

낚詩 3

颱白 배삼술

석삼년째 빈 낚싯대를 드리운
時時한 새벽은
늘 詩心을 깨우는데
허섭스레기 잡다한 詩魚들이
흙탕물을 튀긴다

오늘도 낚詩는 파장이다

분탕질에 주눅이 든 낚싯대가
천근만근 무겁다.

봄 타령

颱白 배삼술

동장군 내려앉은 칼바람 마중물로
서산을 토렴하듯 붉게 물들이면
겨우내 물오른 볕살 찾아
아지랑이 남실대는 너에게 가련다

동녘 저편 깔딱고개
넘고 넘어.

낙엽

颱白 배삼술

긴긴 겨울의 상념 잠재우기 위한
고고한 음계들의 자태가
침묵을 노래하면
설움에 물든 시린 단풍 눈물방울
고개를 떨군다

다가올 봄을 기다리며.

우리 사랑

颱白 배삼술

너와 내가 함께 가는 길에
열꽃처럼 피어나는
가슴앓이조차…

길동무 자처하며 동행하는
초라한 삶조차…

가슴으로 품은 情이었음을
희생으로 일구어낸
사랑이었음을

몰랐습니다
그때는.

풀지 못한 숙제

颱白 배삼술

세상은 나에게
값비싼 동정의 눈물을 강요하고
부모는 내게 자식의 도리를 강요하고
자식은 나에게 부모의 의무를
값싸게 강요한다

탈색된 도화지처럼 침묵의 벽에 갇혀
말문을 닫아버린 나에게는
너무 어려운 숙제다

도리도, 의무도, 우정도…
그리고
사랑마저도.

풀지 못한 숙제 2

　　　　颱白 배삼술

눈물의 술잔을 채우고 채워
오래전 식어버린 가슴에
가시가 돋아
제자리걸음조차 버거운
나에게
천륜지정이란
벗어날 수 없는 늪이다

풀어도 풀어도 풀리지 않을
방정식 공식처럼.

백지로 보낼 편지

颱白 배삼술

기억이 많으면 슬픔도 많은 법
울지 말자

가면의 허울을 쓰고
눈물의 술잔을 든다 해도
슬퍼 말자

검은 그림자 뒤로 홀연히 떠날
내 마지막 날
토렴하듯 뱉어내고 말자

"난, 난 이렇게 살았노라고"

마음으로 쓰고 가슴으로 쓰다만
부치지 못할 편지
아파 말자

내 생에 수백, 수천 번 아프게
슬프게 써내려간
또 하나 기억의 습작일 뿐.

비겁한 변명

颱白 배삼술

따로 또 같이, 같이 또 따로
돌고 도는 세상사
도긴개긴이라 쉬 말하지만

"고주망태 개차반 반평생
'아니, 아니었소'
내 탓이"

소금 결정에 찍힌 지문처럼
곧 사라질
비겁한 변명이지만.

사람과 사랑

颱白 배삼술

제각각 가면을 쓰고 사는 사람들
북새통 틈바구니에 끼여
아등바등 힘겹게 살아온 세월 끝
내 곁에는
사랑이라는 무거운 짐을 진
단 한 사람만…

그래도 노여워 말자
아파하지 말자
애초의 길이 한길이 아닌
갈림길이었듯
뒤엉킨 그리움 또한
살아온 날의 값진 흔적일 터

서러워 말자
사람과 사랑 사이에서 늘 치이며
방황했던 날들마저도.

사람과 사랑 2

颱白 배삼술

사람을 겉모습으로 함부로 평가하지 말아라
마디마디 시린 곡절 다 알 수 없을지 몰라도
너 또한 언젠가 누군가에게
버려진 시간만큼
처절하게 잊힌 시간이 있었을 터이니

사람과 사랑, 사랑과 사람 사이
너와 내가 우리가 평등하게 마주 보았을 때
그것이 진정한 어울림의 소통이고
온전한 아름다움일 터이니.

눈물로 쓴 편지

颱白 배삼술

꽃이 아름다운 것은 가지가 버티고 있기 때문이며
가지가 튼튼하게 자랄 수 있었던 것은
뿌리가 있기 때문이듯
인생은 흘러가는 것이 아니라
내가 가진 그 무엇으로 하루를 채워가는 것이거늘
변명으로 가득한 생채기 마디마디 곡절 쌓고
어찌, 너만 힘들다 생각하느냐?

'속아주는 것이 부모고
속아준 줄 알아야
자식이다'

아들아, 천륜이란 끊을 수 없는 그리움도
비바람에 사무치면
원망이 쌓이는 법이라지만
시간의 수레바퀴가 돌고 돌면 알게 될 것이다

너 또한 속아주고, 그 자식이 속아준 걸 깨닫기를
줄 수 있을 때보다, 줄 수 없을 때
더 미안한 것이
부모 마음이라는 것을…

아들아, 어찌
비좁은 우물에서 드넓은 하늘을 올려보려 하느냐.

나는 아직 괜찮습니다

颱白 배삼술

오늘 바라본 하늘은 참 맑다

날갯죽지 부러져, 어둠의 장막 뒤에 숨어 산
반편이 30여 년 모진 세월
심장이 터질듯한 통증이 쉼 없이 밀려와도
수취인 불명으로 반송될 편지일지라도
가슴으로 쓰고 마음으로 옮겼지만
무엇으로도 치유되지 못한
아픔 한 조각…

한 번만, 단 한 번만이라도
사람답게 살고 싶었다

모든 것이 스스로 만든 업보라고
수없이 되뇌고 되뇌어도, 끝내 풀지 못한
끊을 수 없는 매듭이
늘 발목을 잡는 번뇌의 날들이지만
아직 절망의 늪에 두 발을 담그지는 않았다

그저, 살고 싶어 죽음을 꿈꿀 뿐
나는 아직 괜찮습니다.

작은 배려

颱白 배삼술

사람과 사람이 만나 쌓은 것이 情
情과 情으로 맺은 것이 사랑
삶은 관계와 관계의 연속

사랑과 情, 情과 사랑
서로의 관심과 이해가 있어야지만
만들어갈 수 있는 것

배려하는 삶, 하지만 우리는
그것을 모두 잊고 사는 것 아닐까
아니면 모른척하는 것일까?

궁금하다
정말.

길가에 버려지다

颱白 배삼술

이기적인 인간은 이기적인 이야기만 늘 하고
냉정한 놈, 냉정한 이야기만 밤새하고
이기적인 인간 냉정한 이야기
질리도록 하더라

그중에 제일 깊이 박힌 돌은
놈도, 사람도 아닌 그냥 이기적인 인간이더라
자기 기준, 자기 합리화를 통해
無 표정, 무감정을 포장하며 스스로 위안받는
주위에서 흔히 볼 수 있는 그저 그런 인간

아주 오래전 길가에 버려진 나 또한
그저 그런 인간일지 모르지만
내 처절하게 살아보니
그렇더라.

술술~ 술

颱白 배삼술

물구나무서서 거꾸로 바라봐야
똑바로 보이는 세상일지라도
술술 넘어가는 것이 술이라면
스리슬쩍 흘러가는 것이
세월 아니겠소만

켜켜이 묵은 솔, 나이 듦에
술술~ 술, 술술 술이 넘어간다

지랄 맞은 세월 뒤로.

꼭두각시의 독백

颱白 배삼술

살아온 날, 하루하루가 백 년 같아도
미움으로는 그 무엇도 이길 수 없으며
본인 자신을 파괴할 뿐이라는 것을
그 누구보다 일찍 깨달았건만
차마 혼자 끝내지 못할 연극이기에
가면 뒤에 숨어 처절한 삶을 노래하며
개 같은 날의 오후를 지켜본다

오늘도 개가 짖는다

넋 빠진 개가 넋 놓고 넋두리하듯
멍멍~ 멍~, 멍멍~

아무리 짖어보아도
나 홀로 무언극 속에 숨어든 광대처럼
꼭두각시놀음에 놀아나는 피에로의
힘겨운 몸짓일 뿐이기에
종점 잃은 막차가 길을 나서면
어릿광대 꼭두각시의 하루해도 저문다

제기랄! 또 하루를 살아냈다
그 어려운 것을.

제기랄!!!

颱白 배삼술

하릴없는 난장판 장돌뱅이
풍각쟁이 삶 속에서도
쓸데없는 책임감만 충만한
팔불출 그대

이제
그만 내려놓아도 좋다
아내도, 자식도
부모도

이젠 책임지려 하지 말자

하지만
진한 자책감과 그리움으로
가슴이 아리면
어디로 가야 하는 걸까?
나는…

전생의 업보일까?
팔자일까?

울컥거리기

颱白 배삼술

그 어느 날부터인지 모르겠지만
감춰둔 삶의 흔적들을
네모난 상자, 글자판 뒤에 숨어
無言의 몸짓으로
가시고기 몸살 읊조리며
삭히고 삭힌 세월
이제는 마디마디 하얗게 수놓은
그리움 놓고 싶다

정말.

구구절절

颱白 배삼술

별 볼 일 없는 세상
별일이야 있겠소만
별똥별에
별 하나 지우면
똥별인 세상
그것이 운명이라면
그 또한
별 볼 일 없는 별일
아니겠소

노을이 흘러간 자리
숙명처럼
어둠이 내리듯.

아부지

颱白 배삼술

아버지가 되는 법을 배우지 못해
아버지가 되어서도
아버지로 사는 것이 늘 버겁지만
닳아 없어지는 삶일지라도
녹슬어 없어지지는 않으렵니다

오늘같이 비가 내리는 날이면
더더욱 당신이 그립습니다

다섯 살 때 본 마지막 기억조차
이제는 점점 희미해져 가는
나의 아버지.

바람의 길

颱白 배삼술

내 가슴에는 바람이 다니는 통로가 있다
그래서 그 무엇도 채울 수 없었다
그저 바람처럼 왔다 바람처럼 사라질 뿐
빈 가슴에 머물지 못했다

바람과 바람 사이 행복했던 날들마저도
그저 바람이었을 뿐
찬바람을 이겨낼 수 없었다

수십 년 함께한 유일한 친구였지만
오늘은 더욱더 드세게 분다

지질맞게도.

고맙소

颱白 배삼술

네가 지금도 나에게 화를 내는 것을 보니
아직 내가 측은하지 않고
살아내야 할 날들과 힘이 남아 있다는 걸
다시금 성냄으로 일깨워
고맙고 또 고마운 깨우침이지만
다음 생에는
바람같이 떠돌 풍각쟁이 슬픈 삶일지라도
꽃이 아닌 나비로 날아다니다
이름도 없이 죽고 싶소

그대, 세상아~
고맙소.

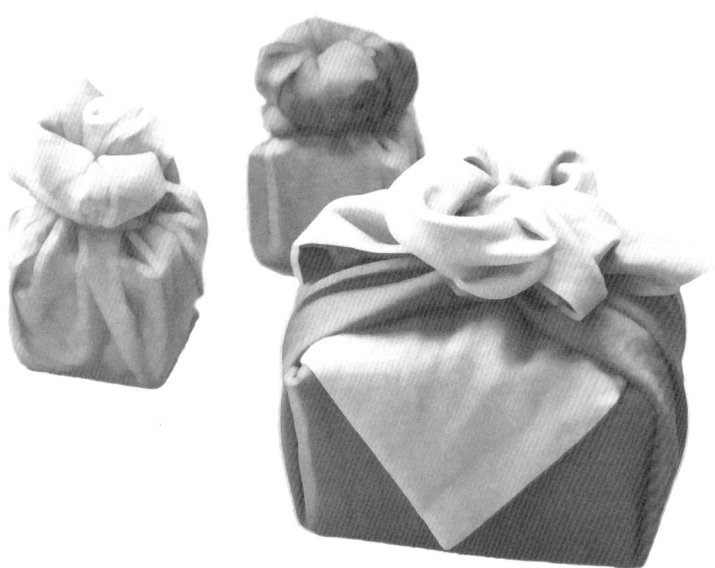

돼지 똥 같은 말

颴白 배삼술

心을 받아도 보고 주어도 보았지만
받을 때 보다 줄 때가 맘 편하고
情을 주어도 보고 받아도 보았지만
받을 때보다 줄 때가 더 기쁘더니
사랑만은 받아도, 받아도
목마르더라.

『낚詩 넷』

낚詩(4)

颱白 배삼숙

봄 산의 철쭉을 다 마셔보아도
배고픈 계절의 끝자락
천국을 살짝 엿본 새벽달은
시몽(詩夢)을 비추는데
오늘도 수탉은 울지 않는다

그대 독 짓는 마음의 수행자여
빈 배에 강태공도 세월 낚듯
밥값은 했는가?

낚詩 4

颱白 배삼술

봄 산의 철쭉을 다 마셔보아도
배고픈 계절의 끝자락
천국을 살짝 엿본 새벽달은
시몽(詩夢)을 깨우는데
오늘도 수탉은 울지 않는다

그대 독 짓는 마음의 수행자여
빈 배에 강태공도 세월 낚듯
밥값은 했는가?

Me Too

颱白 배삼술

작은 콩알 하나하나가
힘겹게 싹을 틔워 말문을 열었건만
거대한 콩나무의 그림자에 갇혀
또다시 새싹을 접는다

변명으로 얼룩져
거름으로도 쓰지 못할 똥물들아~
혹시! 아니!
눈물 자국은 눈물로 닦아야 한다는
세상 이치를

남의 눈에 눈물 내면
내 눈에도 피눈물 난다는 것을

끝까지 내려놓지 못한 똥바가지들
비겁한 외침이
부끄럽다.

Me Too 2

颱白 배삼술

나비가 영혼을 다쳤다 말문을 틔우니
철쭉, 수국, 매화, 아카시아도
Me Too 행렬에
너도, 나도 힘겹게 줄을 섰건만
인두겁 뒤집어쓴 말벌은
끝내 탐욕과 권력을 내려놓지 못하고
앵무새 답변하듯

"꽃이 예뻐 탐했지만 꺾지는 않았다"

말 많고 탈 많은 권위적인 세상에서
땅벌조차 줄줄이 꽃을 탐하여
꿀벌마저 조용히 숨죽인 그해 봄
은둔에 들어간 텃밭은
열매를 달지 못해 긴 흉년에 빠졌다

지켜주지 못해
미안해.

Me Too 3 - 애가타

颱白 배삼술

년(年)과 년(年) 사이
갈지자를 그리며
행(幸)과 행(幸) 사이
불(不)을 지펴
저 홀로 지랄발광
개지랄

쥐뿔도, 개뿔도
뭣도 없이

이놈도, 저놈도
또
나도.

내려놓기

颱白 배삼술

애틋한 마음이 쌓이면
뜻이 통하고 길이 열리듯
사철 푸르른 소나무처럼
올곧게 살다 떠나는
삶이었기를

고독과 절망으로 채웠던
내가 든 술잔의 절반마저
눈물이었더라도
행복한 외출이었노라고
말할 수 있기를

수없이 피고 지던
인고의 세월, 긴 나들이
기지개 켜듯.

고백

颱白 배삼술

다람쥐 쳇바퀴 돌듯 스스로 만든 덫에 걸려
자신조차 사랑하지 못하면서
도돌이표처럼 또다시 그 누군가를 사랑하고
원망하고 미워하고…

알면서도 늘 제자리걸음만 반복하는 그대를
바보라 말하고 싶었다

팔불출, 그 불출 그 바보가
바로 나 자신이라고.

답 없는 답안지

颱白 배삼술

적막강산 중도장애인으로 살아온 팔불출 나에게
구순이 다 되어 가는 노모는
자식 노릇 똑바로 못한다고 타박하고
불혹이 다 되어가는 자식 놈은 늘 별것 아닌 듯
똥 밭에 똥물로 몽니를 놓는다

'답이 없다'

하루하루 제 한 몸도 버거운 답 없는 답안지에
반거들충이 들숨과 날숨만 가득 채워
마침표를 찍을 뿐

어찌합니까?

청맹과니 그대

颱白 배삼술

숲의 화려함을 갖추기 위해서
천길 땅속 고요함과 어둠을
수없이 견디어내야만
아름다운 꽃을 피울 수 있고
오늘 하루가 행복하려면
어제를 돌아봐야 함이
우리네 인생과 다름이 없음을
왜 모르시나?

어찌하여 무성한 가지만 보고
숲 전부를 보았다 하는가
그대는.

침묵의 벽

颱白 배삼술

윷판에 말처럼 뒤엉켜 살아온 하루하루
천국은 언제나 저만큼 멀리 있었고
지옥은 늘 가까이 있었지만
상처를 들추지 않으면
아무도 모르는
법

부숴라, 스스로 만든 벽을
허물어라, 슬픈 자아가 만든 통곡의 벽
침묵의 벽을.

무기력증

颱白 배삼술

닭장 같은 15평 독방, 적막이 흐른다
오늘도

그립다. 사람이…

무기수도 30년이면 감형이 된다는데
그는 형기도 없는 장기수다

구형과 판결을 스스로 내려버린
그림자 인간

바보.

똑똑똑

颱白 배삼술

쉼표를 찍을 수 있는 자만이
아름다운 마침표를 찍을 수 있듯
오늘 하루가 어제 같기를 바라고
어제 하루가 오늘 같기를 바라며
다가올 내일이란 미지수에
노크를 해보자

"똑똑똑"

시름 꽃

颱白 배삼술

꽃으로 태어나
꽃으로 살다
꽃물마저 말라
마른 꽃으로
죽어간

아!
그 목마른
꽃

해우소에 핀
근심
꽃.

못다 핀 꽃 한 송이

颻白 배삼술

차마 뱉지 못할 날숨의 독백으로
빈 상념 채우는 이 새벽
그대 사모했음을
지난한 내 삶이 끝나는 날까지
기억하게 해주오

하지만, 이제는 들숨의 향기마저
불꽃처럼 타버린
숨죽인 사랑

채 피우지 못한 가슴 시린 사랑.

묻고 답하기 - 自問

颱白 배삼술

누군가를 미워하고
사랑하고
그리고 용서하고 사는 것은
쉽지 않은 일이다

산다는 거
다 똑같다 말하지만, 그거
허가된 거짓말이다

그래, 모두 그렇게
말하고 살며
모두 그렇게 속고 산다

그런데, 왜? 이 이른 새벽
때늦은 질문을 하는가
그대는.

* 옹이 수록작품 - 제목, 행 수정

인간극장

颱白 배삼술

나이 들어간다는 것은
하늘과 소통할 날이 가까이 온다는 것이며
흙으로 돌아간다는 것이다

人生이란 열매는 그렇게 익어가고 숙성되어
강물이 되고 바다로 나가
소리 없는 바람으로 사라지는 것이다

[……]

노루 꼬리처럼 짧은 겨우살이 부평초 人生
어떤 컷(cut)을 남길 것인가
그대는?

OK 컷 / NG 컷.

2019, 기해년 새해 아침

연민

颱白 배삼술

수년째 심장이 쩍쩍 갈라지는 아침을 맞아도
그의 하루는 늘 밝았습니다
가끔은 비도 오고 또 가끔은 안개도 끼고
또 아주 가끔은 눈도 오고 그랬지만
그런 날을 기다리며 살았는지도 모릅니다

'아니 그랬을 것입니다'

더 이상 물러설 곳이 없었던
그의 간절함을 알고 있었기 때문에
속절없이 흘러가는 이 가을이 저물기 전에
다시 한 번
그에게 물어보려 합니다

시리도록 환하게 빛나는 슬픔도 있다는 것을
이제는 알게 되었는지.

하얀 밤

颱白 배삼술

하얀빛 긴 한숨으로
초췌한 사내의 상처를 어루만지며
서럽게 타오르는
담배 한 개비에 꽃이 피고
꽃이 지면

노을처럼 등지고 여명처럼 다가온
시리도록 하얀 밤
눈 감은 아침을 깨운다

메케한 연기 눈물로 새끼 친
물색없던 새벽
뒤로.

바람아 멈추어다오 2

颱白 배삼술

두 개의 날개가 있어야
중심이 서듯
행복은 행복을 부르는 이유가
모두 비슷하고
불행은 불행을 부르는 이유가
제각각인 줄 알면서도
그대가 흔들리지 않는데
흔들리는 걸 보니
바람이, 바람이
부나보다

"사랑아, 사랑아, 사랑아~
내 아픈, 내 슬픈
내 사랑아"

문서 없는 군짜배기 노비처럼
내 시간 모두
그대에게 향해있던 시절
엊그제 같은데

바람이, 바람이
분다.

나 떠나거든

颱白 배삼술

내 숨이 다하는 날
보잘것없는 내 초라한 묘비명에
한 여자만 사랑하고
한 사람만 사랑하지 못해
미안했노라고
적어주오

하지만 나 또한
벅차고 힘든 긴 나들이였노라고
적어주오

내 마지막 가시버시
사랑아.

* '옹이' 수록작품 수정

생일

颱白 배삼술

아버지 씨를 받아 어머니 밭에
삼백여 일 씨앗 품어
자궁 속 양수 제집인 양 헤엄치다
바람 빠진 풍선처럼
쭈글한 몸매 우렁찬 목소리로
세상에 첫선을 보이며
사랑과 축복으로 태어난 날

"섣달 십이월 이십팔일"

미역국 한 사발에 밥 말아 먹고
어제와 다름없이 또 하루를
열어 가는 날

아무런 느낌이 없다.

* 가시나무에 핀 時花 - 연, 행 수정

붉은 물고기 - 코로나19

颱白 배삼술

처음엔 물비늘 같은 잔잔한 파도였다

오래전에도 외눈박이 물고기가
토렴하듯 거칠게 울부짖은 적 있었지만
붉은 물고기 역습, 대비 못 한
헐복한 가시고기들은
검푸른 바다의 용오름을 무시한 대가로
이미 시궁창이 되어버린 아갈머리에서
썩은 생선이 되어가고 있다

사방팔방, 바다가 요동친다.

SNS 부고장

颱白 배삼술

울긋불긋 짙은 화장을 끝마친
탕수육을 앞에 놓고
정성스럽게 한 컷 담았다

마나님 왈,
"그건 뭐 하러 찍어요"
"응! 이건, 영정사진이야"
"네?"

[……]

마지막 가는 길,
소주 한잔과 짧은 입맞춤 후
SNS에 바로 부고장을 띄웠다

부의금은 댓글로 받았다.

단축번호 0번

颱白 배삼술

핸드폰 검색 중 무심코 눌린 단축번호

"지금 거신 번호는 없는 번호이오니…"
"다시 확인하시고…"

젠장, 나 먼저 세상 떠난 친구 놈 번호

하늘나라 1004에게 발신한 전화는
수신 거부 대기 중

아마, 내일도.

『낚詩 다섯』

낚詩 (5)

颱白 배삼술

지친 삶 달래고자
졸필(拙筆)을 끼적이며
멍든 가슴 펼쳐보니
시상(詩想)은 간데없고
넋두리만 하였구나

가위눌려 죽은 詩心
어제도 오늘도
빈손.

낚詩 5

颱白 배삼술

지친 삶 달래고자
졸필(拙筆)을 끼적이며
멍든 가슴 펼쳐보니
시상(詩想)은 간데없고
넋두리만 하였구나

가위눌려 죽은 詩心
어제도 오늘도
빈손.

궁남지 연가

颱白 배삼술

낙화암 고란초 단잠을 깨우듯
사랑이 미움보다 더 커지는 날에
백마강 고란사 어귀 너머
시름 인생 벗어 놓고
복사꽃 묵은 잎 저만큼 지면
비구름 걷어 말려 밤이슬 머금은
어리연꽃 기지개 품어
천 년 향기 궁남지 무지개 뒤로
나, 초연히 돌아가리.

* 2017, 부여서동연꽃축제 출품작

궁남지 연가 2

颱白 배삼술

별 헤는 밤, 전설 속에 숨어든
서동과 선화 이야기 속
사랑가, 서동요처럼
연잎이 소곤대는 슬픈 사랑
꽃피우지 않으려면
별이지는 달빛 그림자 아래서
맹세하지 말아요

사랑은 꺼지지 않는 태양처럼
영원히 빛나야 하니까요.

* 2018, 부여서동연꽃축제 출품작

궁남지 연가 3

颱白 배삼술

목련화 봄바람 시기하듯
새하얀 날갯짓 서두르면
설화(說話)로 피어난
궁남지 달빛 정자 아래
무겁고 버거운 짐 벗고
영원을 꿈꾸는 견우직녀
연지(蓮池) 별밭에
나를 담을 수 있으리.

* 2019, 부여서동연꽃축제 출품작

꽃말

颱白 배삼술

단순하게 살아도 될 삶을
복잡하게도 살아보았지만
지나고 보니
가장 힘들 때가, 가장
행복한 때이더라

난 오늘도
네 잎 클로버의 행운보다
세 잎 클로버의 행복을
꿈꾼다.

고드름

颱白 배삼술

처마 끝에
오르간 건반처럼
나란히, 나란히
열을 맞추며
피어난 얼음꽃이
음계를 따라
뚝뚝, 뚝뚝
뚝뚝
뚝

새싹이
파릇파릇 움트길
재촉하듯.

* 동시

갈잎의 노래

颱白 배삼술

성성한 갈잎의 노랫가락 휘몰이에
토렴하듯 재촉한 화려한 단풍
여물지도 않았건만
서릿발 내려앉은 차가운 가을빛은
붉디붉은 새벽이슬 마중물로
낙엽의 눈물을 그린다

희끗희끗한 서릿가을 처마 밑으로
해가 저문다

갈잎이 나부낀다.

그해, 그 가을

颱白 배삼술

시간을 되돌릴 수 있다면
1987년 10월 21일 이전으로 돌아가고 싶다

하지만
돌아가고 싶어도 돌아갈 수 없음을
그도 안다

그래도 가끔, 아주 가끔은
꿈을 꾸어본다

'32년이 흘렀다'

1987년, 삶이 유난히도 버겁고 헐복한 날들
그의 시간은
그곳에서 멈추었고

생사의 갈림길에 길을 잃지 않았지만
그해 그 가을은
그가 놓은 치명적인 덫이었다

한쪽 날개를 잃었다
그날

메아리조차 서러운 긴긴 침묵의 서막이었다.

길

毓白 배삼술

내 마지막 가는 길은
슬프거나 서럽거나
아프지 않았으면
좋겠다

한 줌 미련도 남김없이
훌훌 털고 떠났으면
좋겠다

고독과 씨름하며
무녀리로 살다가는
삶일지라도

노엽지 않게
꽃상여가 가벼웠으면
좋겠다.

* 가시나무에 핀 時花 - 연, 행 수정

그 길

颱白 배삼술

골육지정 베어내고
오욕칠정 해탈하여
청신한 몸으로
나 홀로 가야 할
길

아니 갈 수
없는
길.

* 가시나무에 핀 時花 - 행 수정

달팽이의 꿈

颱白 배삼술

눈이 멀어 하늘을 볼 수 없고
다리가 없어 기어야만 했던
암수한몸 달팽이
삶의 무게 등껍질에 짊어지고
상처 난 더듬이로
서로 의지하며
가을의 끝자락에 도달했지만
단풍에 물들어 시들어 가는
가을빛은
겨울의 길고 긴 침묵에
서글픈 이별의 노래
메아리 되어
가슴을 적신다

아직
봄의 새싹은
돋지도 않았건만
또다시 겨울의 문턱을 향해
쉼 없이 기고 또 긴다

새순을 찾아서.

* 가시나무에 핀 時花 - 연 수정

불나비사랑 - 낡은 성냥갑

颱白 배삼술

단 한 번 짝짓기로 사그라질
부나비 같은 운명이지만
타다만 검정 머리 종이인형
불붙은 가슴에
마지막 정념을 태운다

어둠이 찾아오는지도 모르고.

불나비사랑 2 - 낡은 성냥갑

颱白 배삼술

어둠에 장막 뒤에 숨어 울다
잠든 허깨비같이
짧은 입맞춤으로 끝내버린
한 번의 만남이었지만
나도 한때는 화르르 타올라
옹이 진 세월을 밝혔다

이제 그 불빛 희미해져 가도
추억은 잠들지 않는다

비록 짧았지만, 이생에 봄날
꺼지지 않는 그림자로
피어나겠다

다시
꼭.

철록어미

颱白 배삼술

겨울 떠난 그 자리
봄빛이 차지하고
계절은 돌고 돌아
제자리를 찾건만
묵정이 곳간 속에
언저리 인생은
새하얀
눈물 꽃을 피우며
신세타령 하소연

하늘바라기
끝없다.

* 철록어미
- 담배를 쉬지 않고 늘 피우는 사람을 놀림조로 이르는 말

뒤통수

颱白 배삼술

눈 떠라
코베어 간다

누가?

"뭐야!"
"진짜 몰라!"
"정말!"

아!
때린 놈은
몰라도
맞은 놈은
알듯이

몰랐구나
너만?

하기야
요즘 세상이
그래.

육십 고개 - 회갑

颱白 배삼술

육십갑자 인생 고개
깔딱고개 겪어내며
입찬소리 참아내고
해찰 없이 살아내온
육십 고개

그대
"잘 살았소."

친형의 회갑을 맞아 풍각쟁이 아우 颱白

누구나 길을 잃을 수 있다

颱白 배삼술

인생이란 시작과 끝, 끝과 시작
반올림 꼭짓점이 아니기에
까치발 들고 사는 세상일지라도
조금만 내려놓으면
온전한 발자취를 남길 수 있다

누구나 길을 잃을 수 있다.

누구나 길을 잃을 수 있다 ll

颱白 배삼술

걷다가 길을 잃으면 찾으면 되고
찾다가 못 찾으면 헤매면 되고
헤매다 못 찾으면
오던 길 되짚어가면 되는 세상사

어찌, 한 사리만 바랄 수 있으랴

길 떠난 윷가락 말판에 말들처럼
살다 보면 도, 개, 걸도 있고
뒷도도 있는데.

풀냄새 나는 당신

颱白 배삼술

수많은 밤, 길을 잃고 풀꽃이 누웠어도
휘파람 불면 비꽃처럼 성기게 풀냄새 나는 당신
잊은 적 없다

꽃비 내리는 날에는
더더욱.

사랑의 열병

며칠 동안 열병처럼 앓았던 우울함이
그대의 한마디로, 그대가 잠깐 준 미소로
이미 사라지고 없네요

내가 그대에게 있어 버팀목이라 했던 말
아파도 나만 생각하면
온전히 버틸 수 있다 했던 말
내가 그대에게 그런 존재가 되었다면
그대가 아무리 나에게 무신경하다 하여도
까짓것 견디어 내고 말죠

조금은 주춤거리며 시작했던 우리 사랑
그대라는 사람과 나라는 사람의 만남으로
예전에, 지금도
앞으로도 계속될 수 있다면
아프더라도 나는 미소 지을 수 있지요

사랑하기 때문에 웃음 줄 수 있고
사랑하기 때문에 눈물 줄 수 있고
사랑하기 때문에 주는 아픔이라면
그것조차 나에겐 사랑이지요

열병처럼 다가온 사랑이 있어 행복했죠.

[평론]

颱白 배삼술 세 번째 시집 '낚詩' 해설

이설영 (詩人. 문학 평론가)

"시대적 situation 詩의 강렬한 메타포와 사회적 펜대의 역할"

처음엔 물비늘 같은 잔잔한 파도였다

오래전에도 외눈박이 물고기가
토렴하듯 거칠게 울부짖은 적 있었지만
붉은 물고기 역습, 대비 못 한
헐복한 가시고기들은
검푸른 바다의 용오름을 무시한 대가로
이미 시궁창이 되어버린 아갈머리에서
썩은 생선이 되어가고 있다

사방팔방, 바다가 요동친다.- <붉은 물고기 - 코로나19, 본문>

 인간은 사회적 동물이다. 세상의 political situation에 특히 문학 작가는 모든 형국과 거리를 두지 않아야 함을 태백 배삼술 시인의 작품 세계를 통해서도 확인할 수 있다. 그것이 밝은 것이든, 어두운 이면이든 그 순간을 예리한 눈으로 카메라처럼 포착하고 파고드는 습성이 진정한 작가 정신이기 때문이다. 세상이 요지경이라며 담배 한 개비로 스모그를 날리며 한숨만 쉬는 것으로 끝내지 않았던 시간이 "붉은 물고기" 작품이 탄생했고, 현 시국에 대한 안타까운 연민을 드러냈을 것이다. 몇 년 전 코로나19로 국가 비상사태는 온 나라를 공포의 도가니로 만들었다. 화자가 시심에서 "처음엔 물비늘 같은 잔잔한 파도였다"라고, 내포한 내용 속엔 이런저런 시끄러운 우리나라였지만 코로나19가 오기 전까진 그래도 대한민국은 평화로운 물살이었음을 "물비늘/ 잔잔한 파도"를 형상화하여 당시 환경적인 상황을 시사하고 있다.

"오래전에도 외눈박이 물고기가
토렴하듯 거칠게 울부짖은 적 있었지만"/

 외세의 극성으로 인해 황사라던가, 먹거리라던가 갖가지 환경적인 요인이 악조건이었던 것은 있었지만 전염병의 시대를 안고 올 줄 아무도 상상하지 못했을 것이라는 내용으로 누구나 공감할 수 있는 부분이다. 자연재해를 집단적으로 겪어내야 하는 고통 속에서 마트에 생필품 하나 구매하러 가는 일조차 마스크를 쓰고, 모든 물건을 만지는 것 또한 공포스러운 환경은 점차로 익숙해져 갔지만, 누군가에서~ 어떤 국가까지도 이런 재해를 책임질 사람도, 기관도 없는 것이 더 암담했었고, 백신마저도 없어 많은 사람들이 희생당하는 국가적 피해는 속출했다. 어느 가정은 가장을 잃고, 어느 가정은 자식을 잃고 아비규환 같은 환경만 되풀이될 뿐이었다. 이러한 어려운 현실을 시인은 환경과 인권 문제를 가장 안타까워하며 분개하는 마음으로 펜을 들었을 것이다. 시대를 대변하는 문학도로서 신념이 엿보이는 글이며, 작로서 충실한 역할을 한 것이다.

 "붉은 물고기 역습, 대비 못 한
휠복한 가시고기들은
검푸른 바다의 용오름을 무시한 대가로
이미 시궁창이 되어버린 아갈머리에서
썩은 생선이 되어가고 있다"/

 시인은 코로나19를 "붉은 물고기의 역습"으로 묘사했다. 무심하고 간과했던 외세의 만행은 전세계를 지옥으로 만들고야 말았다. 소설 속에 등장한 시쳇더미로 썩어가던 중국의 유령

도시 황니가의 거리처럼 세상도 함께 병들고 사람들의 기근까지 피폐해져 갔다. 사랑과 평화로 유지되어 할 우주의 질서를 깬 코로나19의 불신은 모든 인간을 좌절하게 만들었고, 그 암울한 시간을 모두가 결코 잊을 수 없을 것이다. 그렇게 기형적으로 변해버린 지구의 잔혹사는 운명의 굴레를 벗어야 하는 것 또한 인간의 커다란 과제로 남아 있음을 아마도 시인은 격한 감정으로 말하고 싶었나 보다.

 시는 인생을 함축시켜야 하는 짧은 장르이기에 많은 이론이나 기술이 필요하다. 해서 많은 메시지를 담지는 못하지만, 글을 쓰면서 어떤 정서나 사상을 묘사하고자 하는 정황, 또는 일련의 사건을 발견하여 객관적 상관물을 가지고 표현해내는 능력이 필요하고, 내공까지 곁드리면 금상첨화다. 배삼술 시인의 "붉은 물고기"의 매력은 역시 서술해 나가는 구체적인 전계와 감정의 문체가 리얼리티 하다. 서사체의 배열은 역시 이런 형태를 갖출 수 있어야 흥미로우며, 잠재의식 속에 갖고 있는 감정의 흐름을 깊게 표현하려 애쓴 흔적 또한 엿보인다.

 사방팔방, 바다가 요동친다./ 신이 지구를 버린 듯 그야말로 세상의 모든 바다가 악취로 가득함을 실감한다. 시인은 산비둘기를 사랑하고, 개구리, 귀뚜라미 우는 소리에 함께 노래하며, 풀벌레 소리를 시의 노래로 담고 싶어 하는 존재다. 그런데 그런 세상은 이제 동경의 시대가 된 것이다.

 배삼술 시인의 작품은 전체적인 문장 속에 메타포의 상징들이 골고루 체계를 갖추고 있으며, 사회적 engagement(앙가주망) 詩로서 시인이 내포하고자 하는 뜻을 펼친 성공적인 작품으로 인간으로서의 책임과 윤리를 다하지 않으면 재앙이 온다는 것을 강하게 내포하고 있다. 오랜 문인으로서 펜대로 세상을 바로 세우고 싶은 일념, 그 사명을 어찌 자각하지 않을 수 있으리, 시인의 심미적인 현미경은 언제나 세상을 향해 있으며, 자연을 바라보기도 하지만, 인간으로서 기본적인 윤리적 관심과 사회의 모든 사건 사고를 기록하며 펜대의 힘을 통해 엄한 잣대로 세상을 질타하며, 정화해 가는 역활을 충실히 해 내는 것, 이것이 시인의 신념이다.라는 것을 이번 작품을 통해서 교술적 가치를 보여주었다. 결국 시인의 소망은 문학의 힘으로 초록 숲 같은 휴머니즘을 열어가는 아름다운 인본주의 사상으로 물들여 가는 것이다.

태백 배삼술 시인의 "깊은 내공이 엿보이는 서정적 진솔한 고백서"

엄마의 강에 모정 담아 가시버시 사랑 꽃피우며
소박하게 살고자 했던 작은 소망조차 버거웠던
질곡의 삶 속에서도
언젠가 좋은 날이 오겠지 버티며 살아낸 세월이
점점 무너져 내리고 있다

평범하게 산다는 거, 그거
참으로 어렵고도 어려운 일이라는 걸
오래전 깨달았지만
이미 심신은 피폐해져 바닥을 긴다

고독과 친구 하며 은둔형 외톨이로 살아야 했던
날개 꺾인 삼십 여년 모진 세월 뒤로
혼불 같은 검버섯이 핀다

이미 오래전 말라버린 고사목 젖무덤
골짜기 사이사이로.- <고사목에 피어난 꽃 본문>

 배삼술 시인의 전반적인 작품은 대체로 솔직 담백한 시심이 매력이다. 자신을 벗는 솔직한 작품의 세계를 엿보면 역시 진정한 작가의 모습이 느껴져서 작품 하나하나에 호감을 갖고

감상하게 된다. 작품을 기술하며 거창한 수사법을 애써 나열하지 않으려 하는 깔끔한 스타일 이지만, 중간중간 시의 문장들을 들여다보면 자연스럽게 수사법이 녹아있고 크게는 대유법까지 이끌어 상상력의 세계로 나아갈 수 있는 창조적이고 심오한 깊이의 내공이 있다.

"엄마의 강에 모정 담아 가시버시 사랑 꽃피우며
소박하게 살고자 했던 작은 소망조차 버거웠던
질곡의 삶 속에서도
언젠가 좋은 날이 오겠지 버티며 살아낸 세월이
점점 무너져 내리고 있다"/

   정말 어디까지나 체험을 통한 주관적 감정을 자아내는 서정적 자아에 의한 자기 고백서 같은 글이다. 삶의 격변기를 지나며 살아온 삶의 고난들은 문학적 양식이 되어 풀어낸 글 속에서 깊고 애잔한 "비장미"를 갖춘 작품임을 확인할 수 있다. 욕심 없이 소박하게 살고 싶었으나 그 작은 소망마저도 허락지 않은 상실감으로 얼마나 처절했을지 짐작이 가는 구절이다. 그렇게 쌓아둔 내적 독백이 시를 쏟아내지 않았더라면 아마도 미래가 보이지 않았을지도 모른다.

"평범하게 산다는 거, 그거
참으로 어렵고도 어려운 일이라는 걸
오래전 깨달았지만
이미 심신은 피폐해져 바닥을 긴다"/

   그야말로 먹구름만 가득 낀 듯 염세적인 세상이지만, 그래도 시인에게 희망을 안고 살아보려는 의지는 오로지 문학이었을 것이다. 피폐한 심경을 최대한 정화시켜 본인이 갖고 있는 격정적(激情的)인 정서를 인위적인 언어로 표출하지 아니하고, 시인이기에 파도처럼 밀려드는 우울한 감수성을 순화시켜

거친 정서를 다듬어 지성과 통합시켜 문장을 이어가는 문법적인 질서 체계가 안정적이다.

"고독과 친구 하며 은둔형 외톨이로 살아야 했던
날개 꺾인 삼십 여년 모진 세월 뒤로
혼불 같은 검버섯이 핀다"/

 그랬을 것이다. 가시밭길에서 고독만이 벗이었다는 시인의 생이 얼마나 처절했을지 짐작이 가는 대목이다. 그곳에서 달관적인 경지에 도달한 단단한 내면은 늘 시로 던져진다. 살아온 행적을 담아내는 전기적(傳記的)시심이기에 더욱 진솔하고 마음이 가는 작품이다. "날개 꺾인 삼십여 년 모진 세월 뒤로 혼불 같은 검버섯이 핀다" 살아온 길에서 문학적 대지를 보유하고, 이것저것 밭을 일구는 기구와 필요한 자양분도 스스로 얻어냈으리라. 문학에선 감정이나 사상 등을 융합시키고자 하는 작업에서 깊게 살아온 생은 시적으로 이렇게 심오한 미적 성과물을 낳는다.

"이미 오래전 말라버린 고사목 젖무덤
골짜기 사이사이로"/

 스쳐온 골짜기 사이로 메말라 버린 세월 속에서도 꿈의 시계는 아직 멈추어 있는 것만 같은데 야속한 사랑과 인생, 청춘의 봄은 어디로 간 것인지... 연륜의 무게 속에서 검버섯 꽃만 늘어가는 세월의 뒤안길을 돌아보는 시인의 마음이 너무도 애처롭다. 그러하기에 배삼술 시인의 일생은 문학과 필연적인 운명이 아니었을까. 본인이 원했든, 원치 않았든, 유기적인 환경이 운명처럼 모여 서로 긴밀한 관계를 갖고 문인의 사명으로 살고 있는 것. 문학을 만나지 않았더라면 보통 일반인들처럼 추상적인 푸념만 하다가 흘려보냈을 삶을 시인으로서 본연의 알레고리(allegory) 풍유법을 배우고, 언어의 밀알

들을 뿌리며 독자와 공감을 이루기도 하는 공인이 된 것이 아닐까.

배삼술 시인은 독자에게 감동을 주기 위해 언어를 수단으로 여기지 않고, 문학으로 호소하면서 오로지 삶을 통해 이미저리(imagery)의 결합으로 상상력 퍼 올리고 생생한 체험을 들려주는 시인이다. 전체적인 문학 작품을 보아도 기교와 화려한 글이 아닌, 문장과 문장을 이어가는 접속 부사가 매끄럽고 자연스러우면서도 관념적인 언어 중층묘사(multiple description)를 깨부수며 깊은 감성과 감각적인 표현으로 시를 기술하는 것이 태백 배삼술 시인만의 문학적 매력이다.

"낚詩"시집은 독자층에서 충분히 좋아할 수 있는 사랑과 감성이 가득한 작품들로 가득하며, 깊고 진솔한 삶이 담긴 시집이 세상에 널리 나아가 서적 데미안의 아브락사스 같은 내면을 충실히 이끌어내는 깨어 있는 알 같은 서적이 되고, 한 줄기 빛이 되길 소망해 본다.

『낚詩』

지은이 : 배삼술
펴낸이 : 배삼술
편   집 : 배삼술

출판등록 : 제 294-93-00887

인쇄일 : 초판 1쇄 2025년 5월 5일
발행일 : 초판 1쇄 2025년 5월 5일

값 : 12,000원
ISBN : 979-11-969061-1-5

발행처 :『도서출판 창작정원』
주   소 : 대전 서구 변동서로 6번길 27 (2층)
폰   빌 : 010 - 4444 - 6136
메   일 : dufekf1228@hanmail.net

인쇄처 : (주)대유기획인쇄
주   소 : 서울시 영등포구 영신로34길 1층
전   화 : 02-2675-8528
팩   스 : 02-2677-1749

♣ 본 간행물은 전국 서점에서 구입할 수 있습니다.
♣ 잘못된 책은 교환해 드립니다.
♣ 저자와의 협의에 따라 인지는 생략합니다.